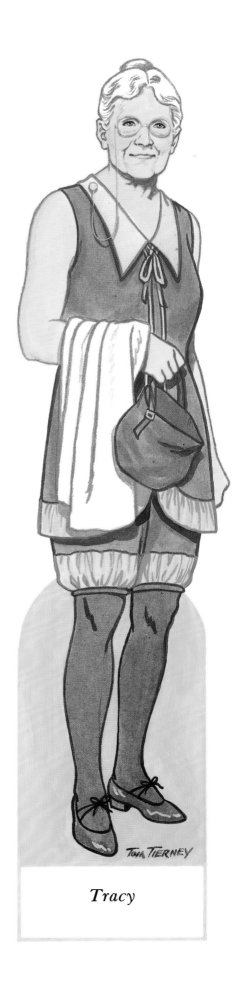

Tracy

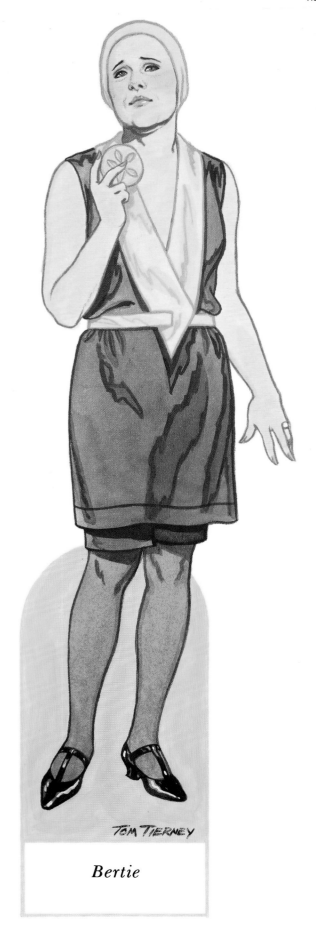

Bertie

Plate 1

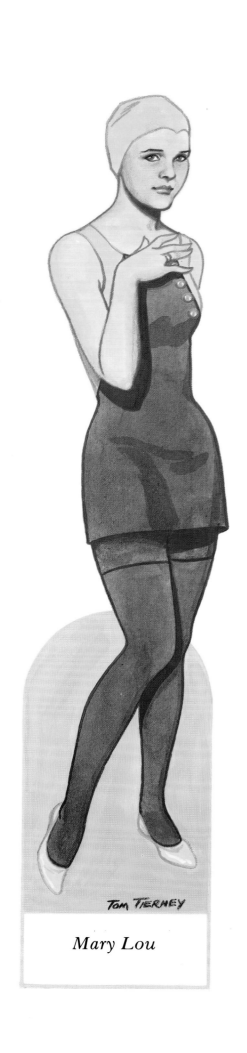

Mary Lou

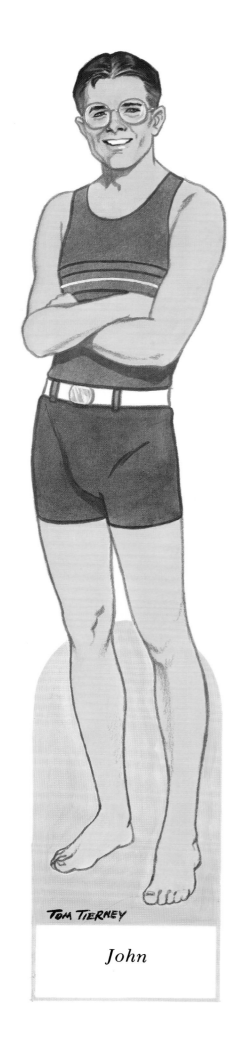

John

Plate 2

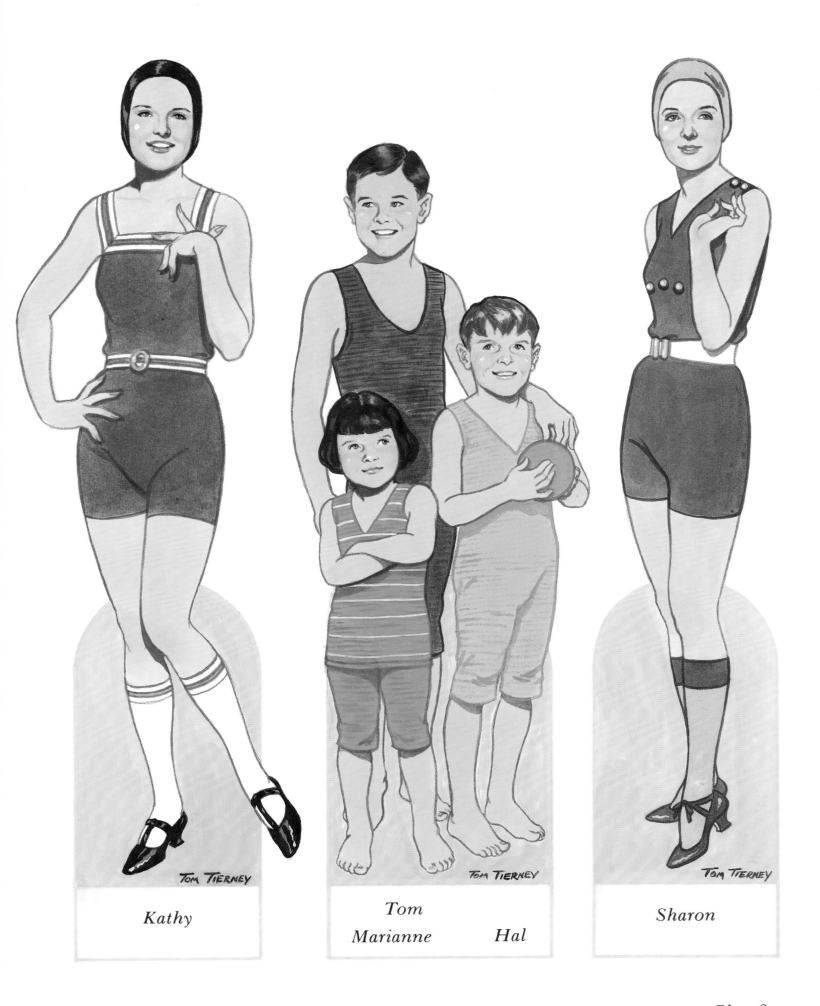

Kathy

Tom
Marianne   Hal

Sharon

Plate 3

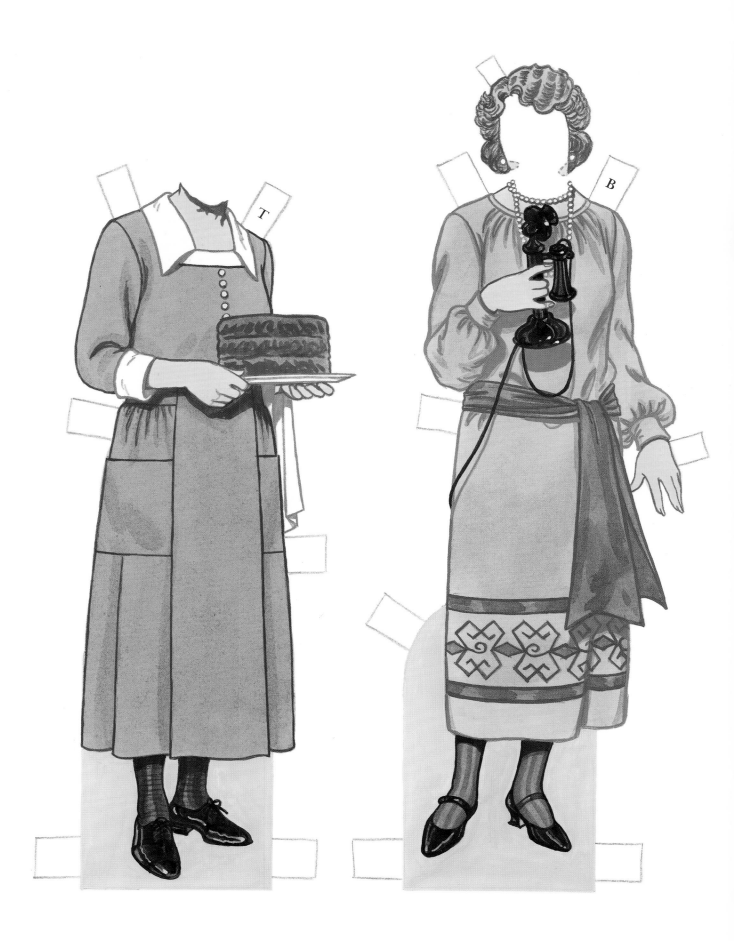

Plate 4

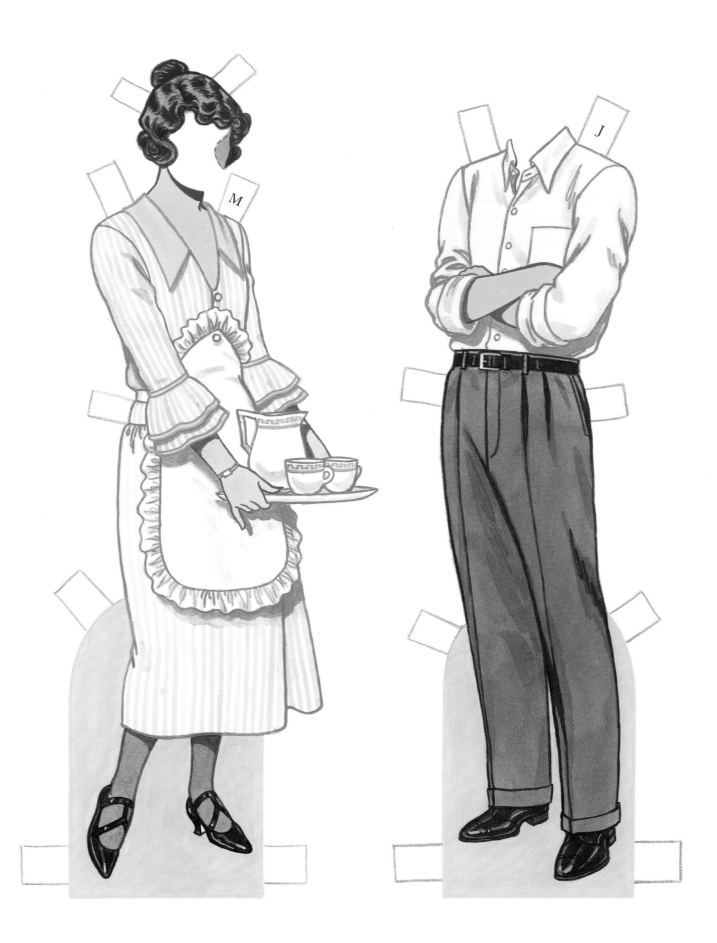

Plate 5

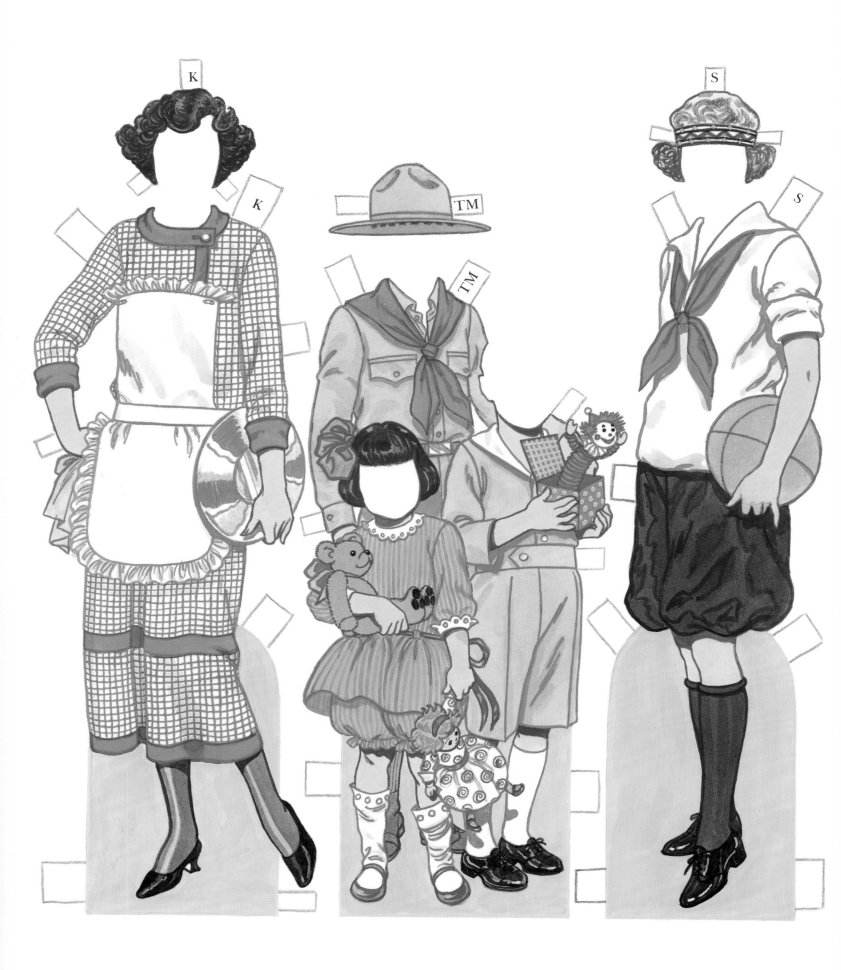

Plate 6

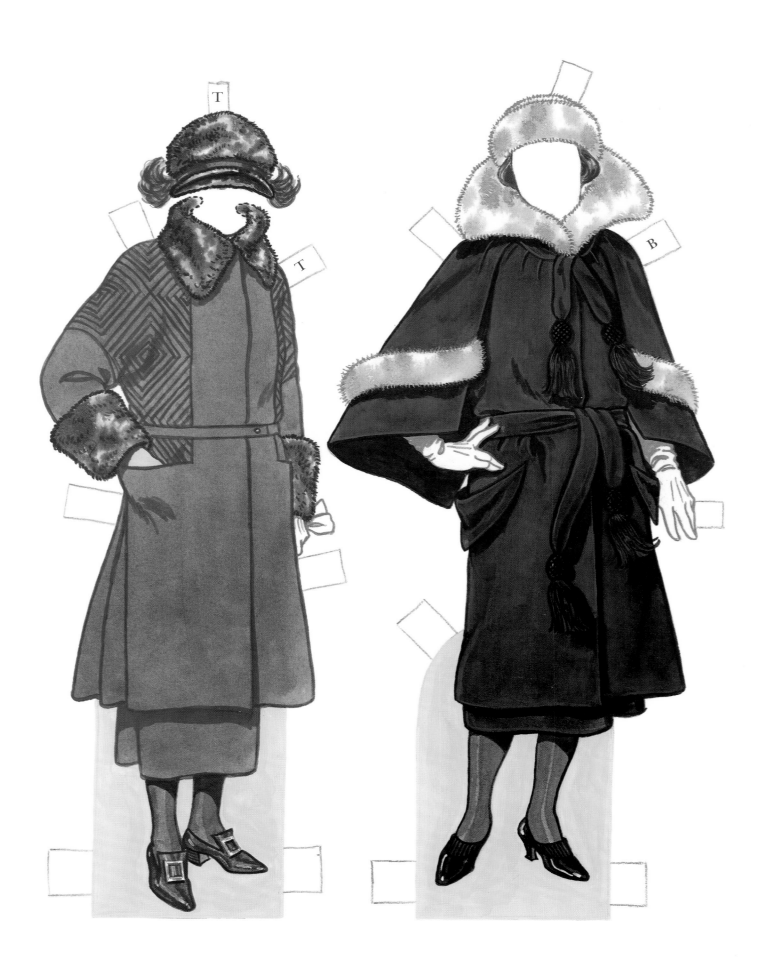

Plate 7

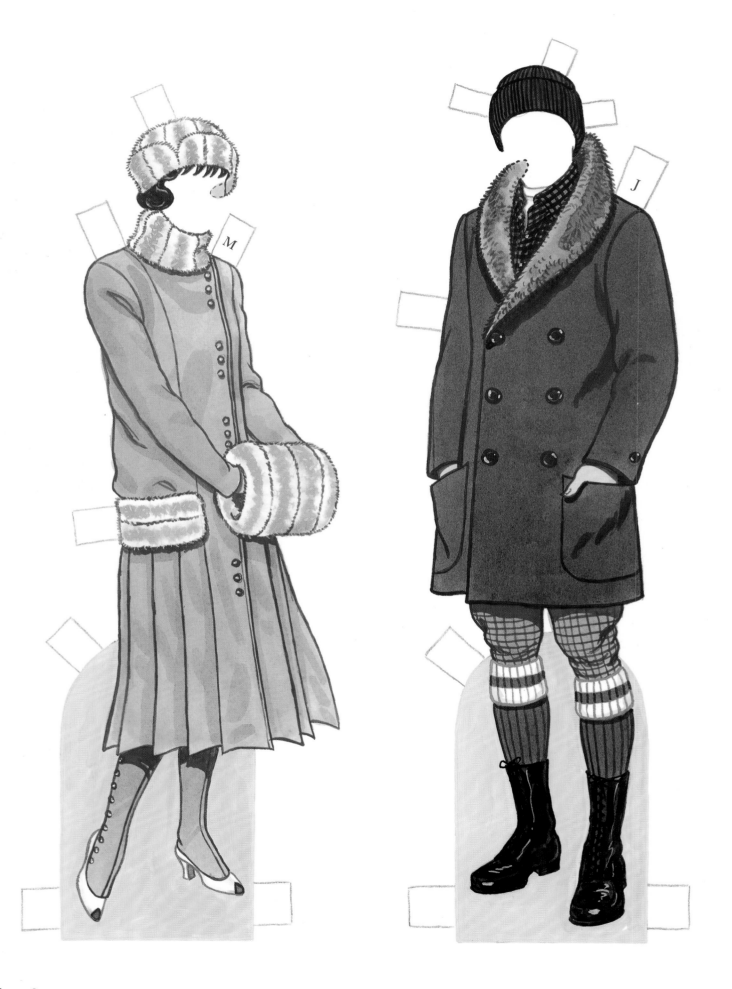

Plate 8

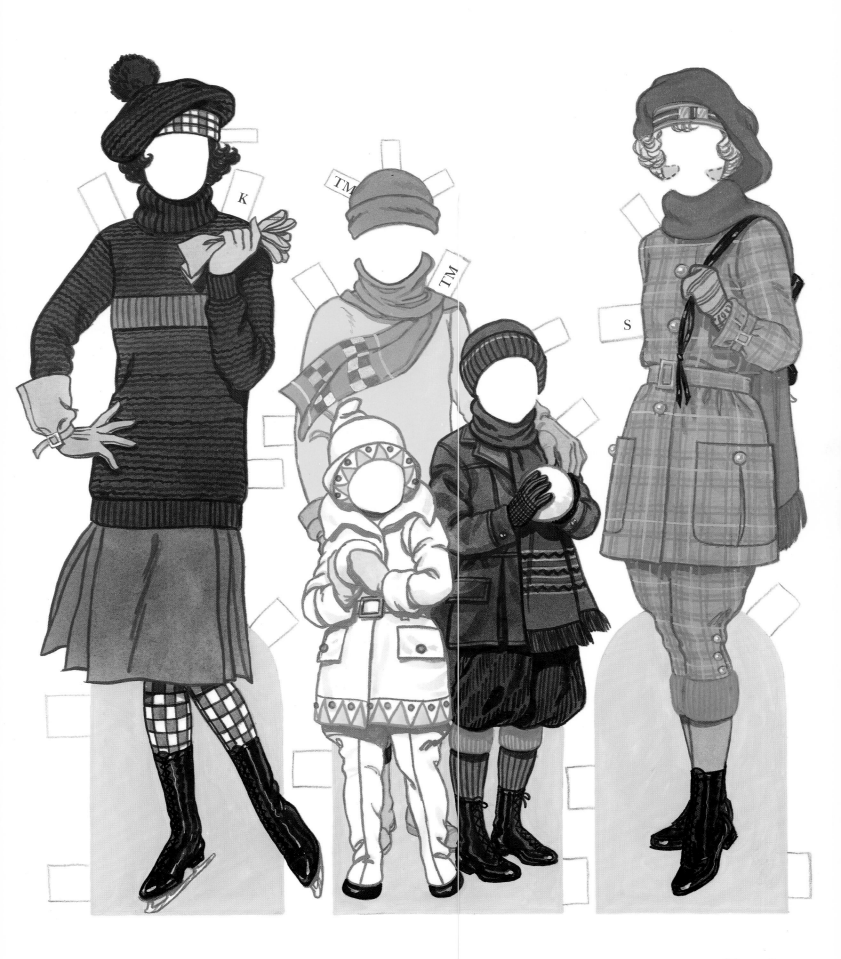

K

TM

TM

S

Plate 9

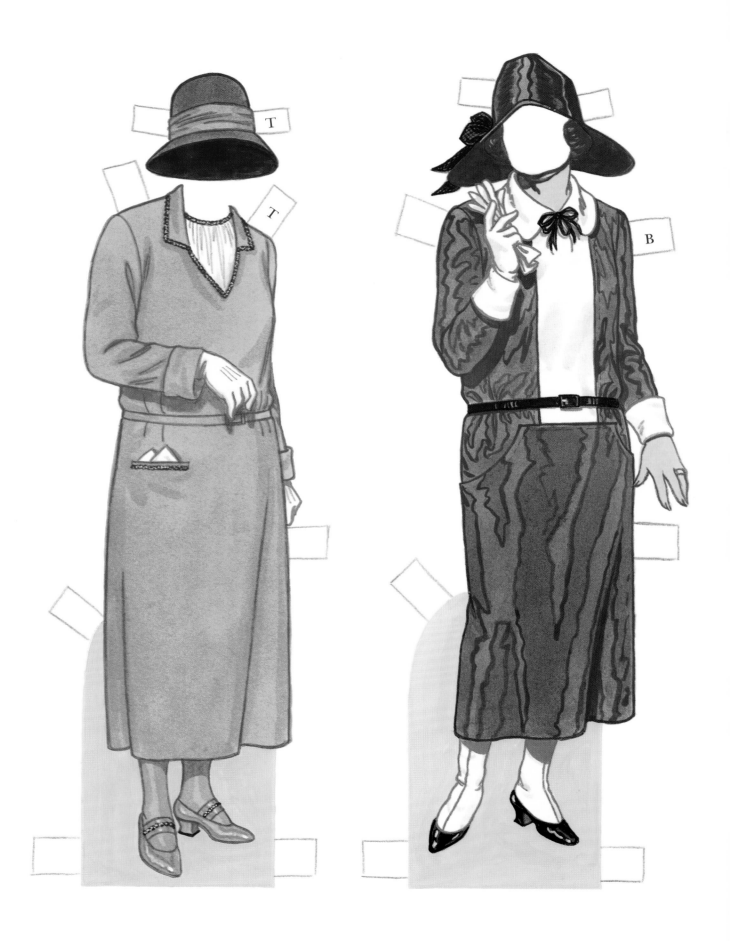

Plate 10

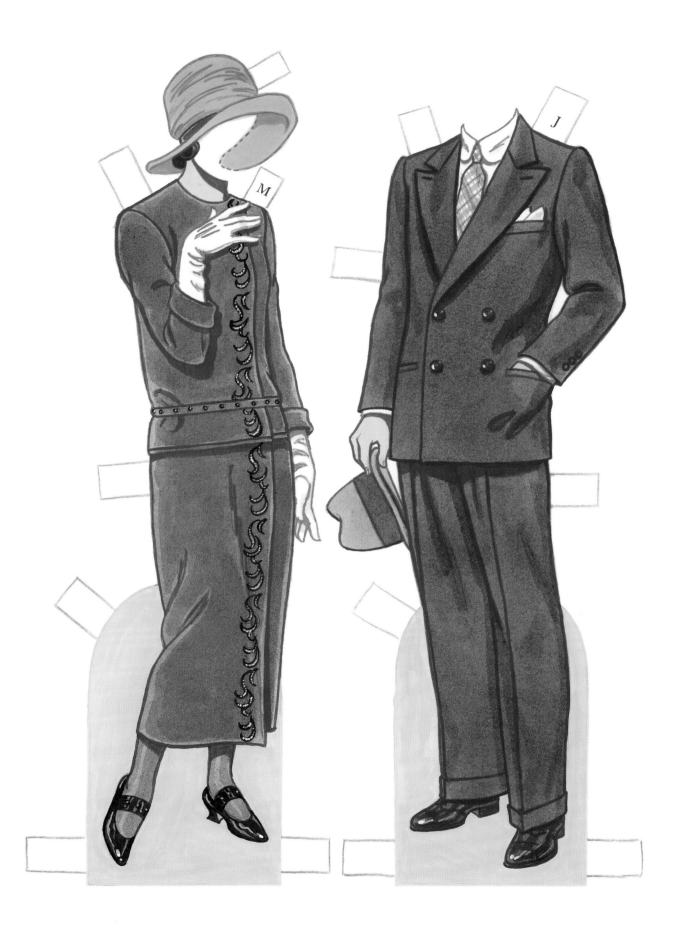

Plate 11

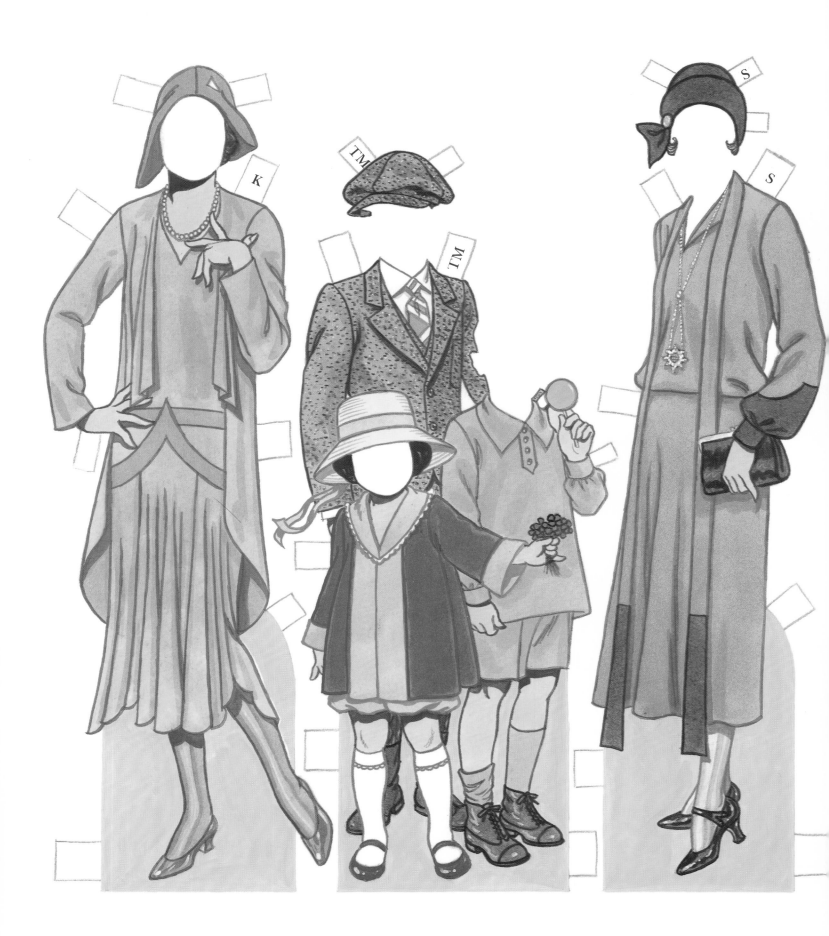

Plate 12

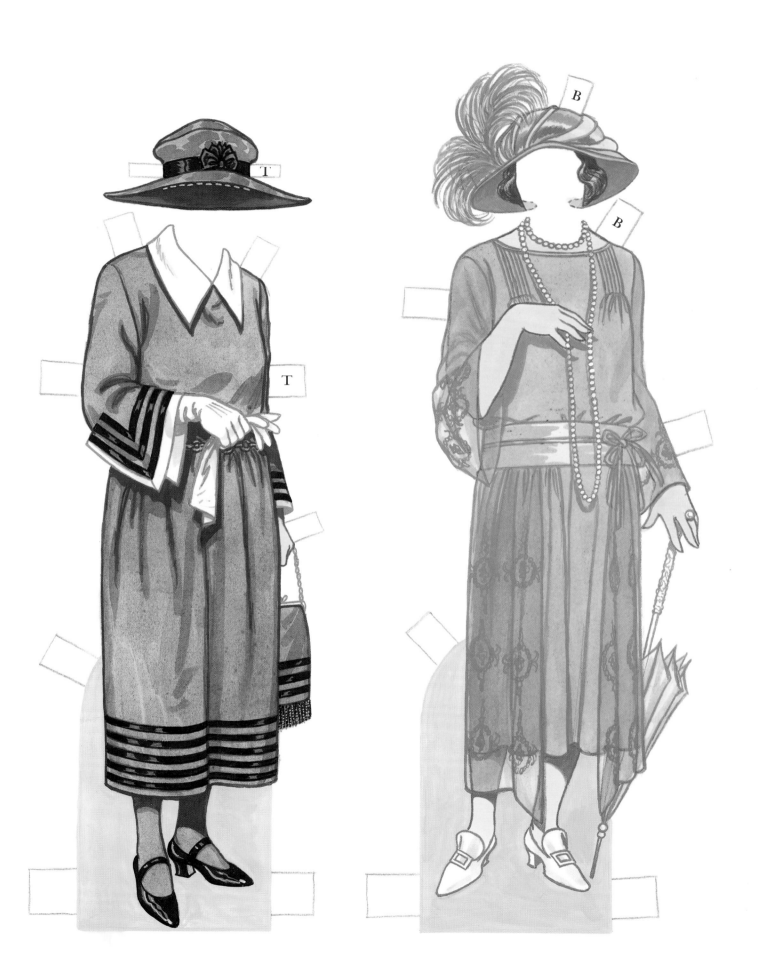

Plate 13

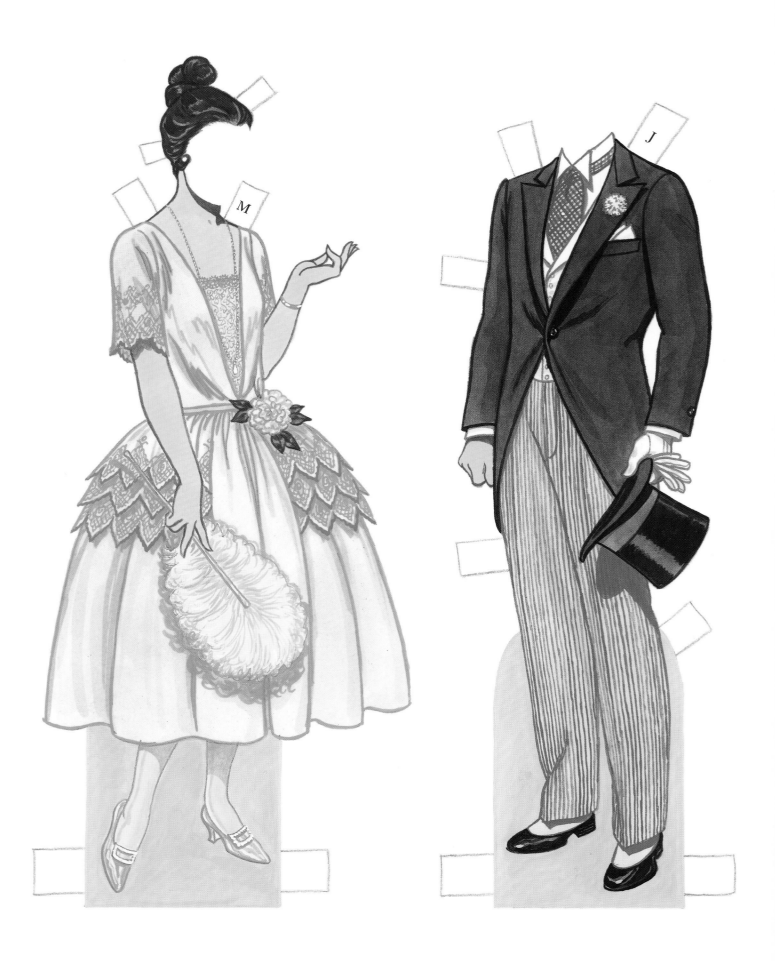

Plate 14

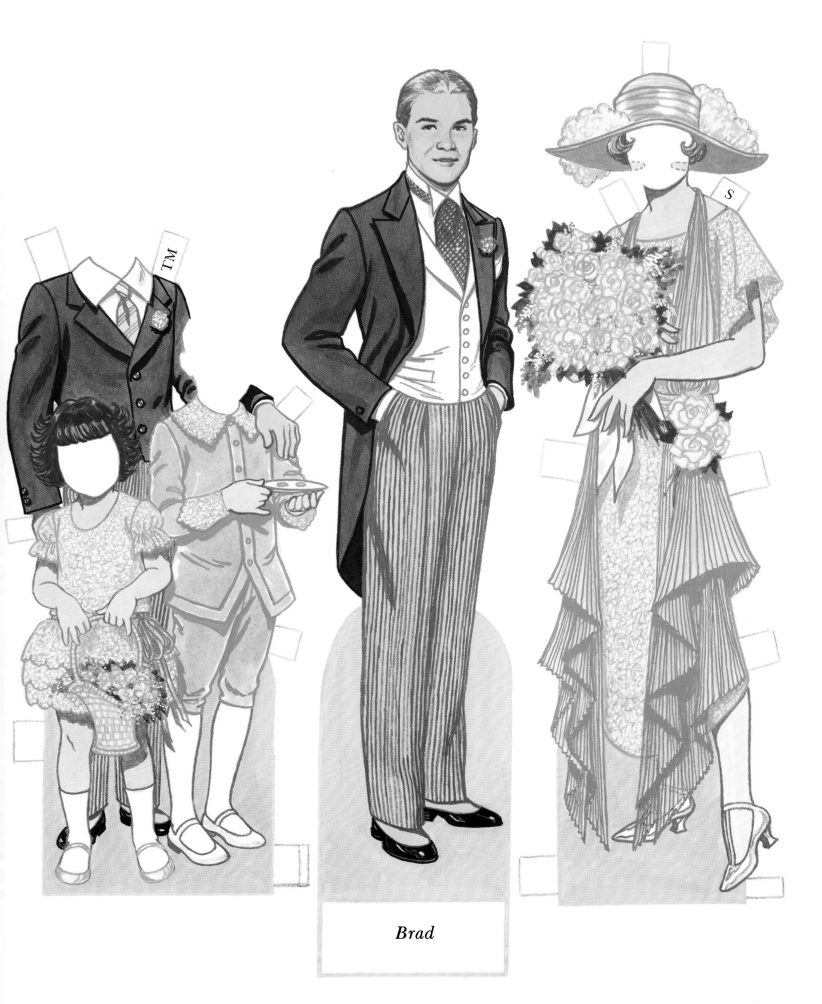

TM

S

Brad

Plate 15

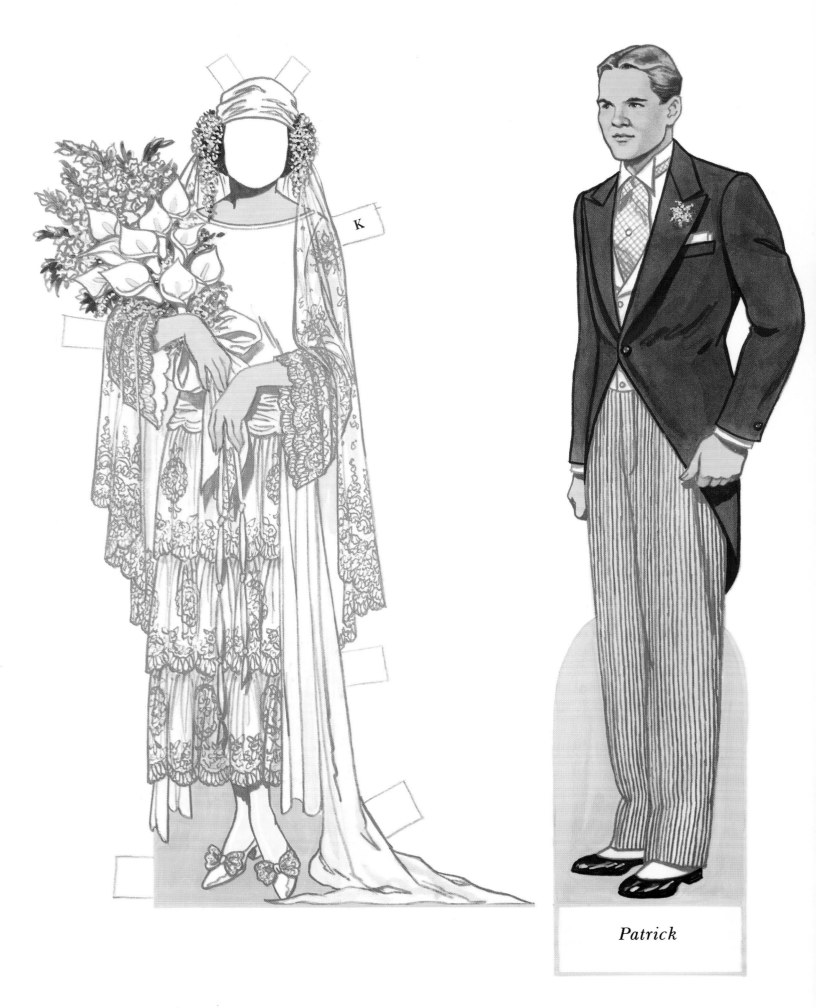

K

Patrick

Plate 16